AF310433

AUX CRÉANCIERS DE L'ÉTAT,

PROPRIÉTAIRES, INDUSTRIELS, FABRICANTS, COMMERÇANTS,

AGRICULTEURS ET OUVRIERS.

« Ce sont les misères de la société qui ont fait les socialistes,
« et non pas les socialistes qui font les périls de la société:
« Vous vous coalisez pour neutraliser l'effet; mais vous ne
« vous êtes pas inquiétés de la cause. »

(Journal *le Temps*, 19 mars 1849.)

Des moyens de relever immédiatement, d'une manière brillante, le commerce et l'industrie; et, pour l'avenir, de la possibilité de les soustraire à l'influence d'une mauvaise politique,

Au moyen de

L'exécution, pour le compte de l'État, de grands travaux d'utilité publique susceptibles d'un revenu capable d'éteindre en quelques années les bons spéciaux ayant COURS VOLONTAIRE, qui les paieraient provisoirement.

Ce système donnant la solution des problèmes suivants :

ORGANISATION DU TRAVAIL AVEC OU SANS L'ASSOCIATION DES OUVRIERS AUX PATRONS.

PROSPÉRITÉ DU COMMERCE RÉGULIÈRE ET PERMANENTE.

PAIEMENT PAR L'AVENIR DE CE QUI DOIT PROFITER A L'AVENIR.

COUVERTURE OU EXTINCTION DE LA DETTE PUBLIQUE DANS UN DÉLAI DE 28 ANS AU MAXIMUM; ET SIMULTANÉMENT.

AUGMENTATION DU REVENU PUBLIC ET RÉDUCTION DU BUDGET.

EXTINCTION PROMPTE DU PAUPÉRISME.

Par J. SASSIAT, Architecte.

1849

AUX CRÉANCIERS DE L'ÉTAT,

PROPRIÉTAIRES, INDUSTRIELS, FABRICANTS, COMMERÇANTS,

AGRICULTEURS ET OUVRIERS.

> « Ce sont les misères de la société qui ont fait les socialistes,
> « et non pas les socialistes qui font les périls de la société.
> « Vous vous coalisez pour neutraliser l'effet ; mais vous ne
> « vous êtes pas inquiétés de la cause. »
>
> (Journal *le Temps*, 19 mars 1849.)

Le 16 novembre 1848, j'adressai au Ministre des Finances un Mémoire ayant pour titre :

Organisation du travail avec ou sans l'association des ouvriers aux patrons. Prospérité du commerce régulière et permanente. Paiement par l'avenir de ce qui doit profiter à l'avenir. Extinction de la dette publique dans un court délai, et simultanément augmentation du revenu public et réduction du budget.

A ce titre j'ajoute :

Extinction prompte du Paupérisme,

Au moyen de :

L'exécution, pour compte de l'État, par des Compagnies ou des Entrepreneurs isolés, de grands travaux d'utilité publique, tels que :

CANAUX,

CHEMINS DE FER,

COLONISATION EN FRANCE ET EN AFRIQUE,

DESSÉCHEMENTS,

IRRIGATIONS,

ENDIGUEMENTS,

GRANDES HALLES.

Et enfin, de tous travaux susceptibles d'un revenu net, capable
d'éteindre en quelques années les bons spéciaux ayant cours volontaire, qui auraient servi à les payer provisoirement.

Pour démontrer l'application pratique, facile et prompte du système que je proposais, et pour lever à l'avance toutes les objections
des individus tièdes, malveillants ou intéressés à la prolongation d'une
crise commerciale aussi désastreuse que celle qui pèse sur le pays
depuis trois ans, et dont l'intensité s'est encore augmentée lors de la
révolution de février 1848, j'annonçai avoir entre les mains les adhésions de commerçants, industriels et hommes de l'art, notables, qui
offraient de construire immédiatement, aux conditions énoncées
dans mon mémoire, pour environ 150 millions de travaux, qui se
composaient :

§ Ier.

Pour Paris.

1° Des Halles du centre,

2° D'un pont passerelle pour les piétons, à établir entre les ponts
National et de la Révolution, lequel aurait mis en communication di-
recte, au moyen d'un passage voûté sous la terrasse du jardin des
Tuileries, côté de la Seine, le faubourg Saint-Germain et la rue de la
Paix.

*(Dans une pétition que j'adressai le 10 décembre dernier à la cham-
bre des représentants et dont il n'a jamais été question, j'ajoutai
la proposition de construire le chemin de ceinture qui doit relier
entre elles toutes les gares autour de Paris.)*

§ II.

Dans les Départements.

De l'achèvement du Chemin de fer de Lyon à Avignon, avec les
bâtiments d'exploitation et la fourniture du matériel roulant.

Tels sont les travaux pour lesquels je proposai au gouvernement
des constructeurs offrant toutes les garanties de fortune et de capacité
désirables, lesquels consentaient à être payés des 9/20ᶜˢ de leur va-

leur en bons spéciaux ayant cours volontaire ; et du dernier vingtième en monnaie de cuivre indispensable pour les appoints.

Ces travaux eussent été exécutés *à des prix ordinaires* qui eussent été fixés, soit amiablement, soit par adjudication.

Pour assurer la facile circulation des bons ainsi que la concurrence nécessaire pour annihiler l'agiotage et garantir la bonne qualité des produits, une quantité suffisante d'adhésions d'agriculteurs, fabricants, négociants, marchands et débitants, était certaine dès l'abord, et elle se fût accrue dans la proportion qui eût été désirée par les soumissionnaires.

Ces bons, affectés spécialement à l'exécution de tel travail et créés seulement au fur et à mesure de son avancement, eussent été garantis

1° Par l'immeuble ;

2° Par les départements traversés par le chemin de fer, en tant qu'il s'agit du chemin de fer de Lyon à Avignon, et par la ville de Paris, pour le chemin de fer de ceinture ;

3° Par l'Etat.

Ces bons n'eussent rapporté aucun intérêt pendant le cours de l'exécution des travaux et eussent été, au début de l'exploitation, échangés contre des obligations numérotées de manière à ce que, celles devant être remboursées les premières, correspondissent aux bons les plus anciens.

Les bons eussent été d'une valeur de 0 fr. 50 c., 1 fr. 00, 2 fr. 00, 5 fr., 100 fr., 500 fr., 1,000 fr.

Les obligations qui leur eussent succédées, eussent été d'une valeur de 50 fr., 100 fr., 500 fr., 1,000 fr.

Aux obligations eût été attachée, dans le but de les faire rechercher avec d'autant plus d'empressement qu'elles eussent été plus anciennes, une prime de 1 pour cent l'an, qui n'eût été remboursable qu'en même temps que l'obligation.

Ces bons ou obligations, devant être remboursés avec les produits nets des travaux exécutés, n'eussent point été reçus par l'État, en paiement des contributions.

Si dans un délai de vingt ans, les revenus nets des travaux n'avaient point suffi à l'amortissement complet des obligations créées en vue de telle entreprise, les garants collectifs auraient dû intervenir pour achever dans le cours de l'année suivante, leur remboursement intégral.

Voilà le système qui fut proposé ; je dirai plus loin les pérégrinations de mon projet dans les ministères des Finances et des Travaux publics.

J'ai offert les entrepreneurs pour l'exécution de 150 millions de travaux, mais il ne tenait qu'au gouvernement d'en commencer suffisamment pour atteindre le but désiré ; c'est-à-dire, occuper tous les ouvriers laborieux qui n'eussent point, dès l'abord, voulu trop choisir le travail. En huit jours, j'ai réuni les adhésions des industriels, ingénieurs, architectes, entrepreneurs qui se fussent chargés de l'exécution des travaux mentionnés ci-dessus, et je m'étais assuré du concours d'un nombre de négociants assez grand pour garantir la facile circulation des bons ; j'ai donc raison de dire que le gouvernement eût pu, s'il l'eût voulu, faire exécuter aux conditions que j'ai posées, autant de travaux que cela eût été nécessaire pour remédier à la difficulté de la situation.

Les travaux ne manquent point, l'argent non plus, puisqu'on n'en demandait point ou fort peu, et le concours de tous les hommes nécessaires ne faisait point défaut : pourquoi donc cette inertie et cette mauvaise volonté évidente, puisqu'il avait été reconnu que ce système conciliait tous les intérêts ?... Pourquoi ? c'est parce que les hommes rêvant une restauration avaient besoin de faire croire que la situation était la conséquence de la révolution de février ; parce que l'on voulait insinuer que la prospérité du commerce et de l'industrie n'était compatible qu'avec le règne des abus, c'est-à-dire avec la monarchie ou l'empire ; parce qu'il *fallait faire expier à l'industrie, au commerce, aux propriétaires, aux ouvriers*, le crime d'insouciance et de rébellion envers un gouvernement corrompu et méprisé, qui faisait si bien les affaires des courtisans, des banquiers et de *ses* avocats ; c'est parce que ces hommes, en perpétuant des malheurs qui ne sont point le résultat de la révolution, mais celle de leur inaptitude et de leur égoïsme, voudraient encore, faisant prendre le change au public, exploiter à leur profit la maladie de la peur et ce proverbe qui dit : *qu'il faut craindre de changer son cheval borgne contre un aveugle.*

Je passerai maintenant aux conséquences pratiques de l'application sur une grande échelle du système proposé; je me répéterai quelquefois, c'est peu élégant, c'est vrai, mais chacun pourra juger en toute connaissance de cause si je me suis mépris sur les moyens de remédier au mal et sur les motifs de la mauvaise volonté signalée.

Ces conséquences sont :

§ Ier.

De l'Organisation du Travail.

1° La solution bien simple de l'ORGANISATION DU TRAVAIL par le fait de la possibilité de fournir du travail utile et convenablement rétribué, quoique non choisi, à tous les hommes valides et laborieux; d'où je conclus qu'en atteignant ce but, on aura organisé le travail dans toutes les limites du possible, car les conséquences seront de parer aux chômages, à la chûte du commerce et de l'industrie et à la plupart des crises politiques, voire même des révolutions.

Cette solution démontrée successivement doit satisfaire les hommes raisonnables et consciencieux qui ne veulent point, par exemple, que l'État soit obligé de se faire entrepreneur d'horlogerie si cette industrie devait ralentir sa fabrication par suite de l'activité exagérée qui pourrait lui avoir été imprimée précédemment, ou par l'infériorité de ses moyens de fabrication qui ne lui permettraient pas de soutenir, à l'étranger, la concurrence contre des étrangers; ou enfin par tout autre motif, d'autant que ce mode de procéder aurait pour résultat, en augmentant l'encombrement, d'achever la ruine des fabricants particuliers et d'obliger l'État à rester entrepreneur ou fabricant, pour être en mesure de satisfaire au droit au travail; droit naturel que doit reconnaître, au moins intérieurement, et satisfaire toujours, tout gouvernement désireux d'assurer à ceux qui possèdent la jouissance paisible de la propriété quelle qu'en soit l'origine.

§ II.

On parerait à la chûte du Commerce et de l'Industrie, et l'on obtiendrait une prospérité régulière et permanente.

1° Parce que les grands travaux d'utilité publique n'accaparant plus les capitaux, ceux-ci se placeraient nécessairement au profit de l'industrie privée., du commerce ou de l'agriculture auxquels ils imprimeraient une grande activité, qui trouverait son modérateur dans l'augmentation naturelle et progressive de la main-d'œuvre, ainsi que dans la suppression des primes à l'exportation ; suppression qui pourrait avoir lieu sans inconvénient pour les ouvriers et pour le progrès de l'industrie nationale, car les primes ne seraient plus, dans ces nouvelles conditions, qu'un empêchement au perfectionnement, un encouragement à la routine et une indemnité à l'imprévoyance qui fabrique sans mesure et dont les conséquences sont encore l'avilissement de la main-d'œuvre par la multiplication superflue d'ouvriers qui contribuent à aggraver et à perpétuer cette mauvaise situation pour eux et leurs patrons.

2° Parce que les grands travaux d'utitilité publique n'étant plus confiés à des compagnies dont l'intérêt des actionnaires est en opposition directe avec celui des ouvriers, on pourrait, en *augmentant un peu* les salaires des manouvriers, et concurremment avec la faculté de pouvoir leur offrir constamment de l'ouvrage, en tant cependant que l'état de l'atmosphère ne s'y opposerait pas, on pourrait, dis-je, retenir dans les campagnes les ouvriers qui, en temps inopportun, affluent dans les villes et dans les fabriques.

3° Parce que la fabrication ne serait plus provoquée par l'avilissement de la main-d'œuvre ; avilissement dont profitent seuls les riches manufacturiers qui peuvent fabriquer à l'avance, garder en magasin, et dont le résultat, lors de la reprise des affaires, est de ruiner les fabricants peu aisés, tout en continuant à maintenir une réduction sur les salaires.

4° Parce que les ouvriers laborieux, et ils sont en immense majorité, ne cessant pas de travailler, ne cesseraient pas de consommer ;

5° Parce que, sous l'influence du système proposé qui résout tous les problèmes sociaux à l'ordre du jour, les révolutions ne pourraient plus se produire. Parce que la peur, cette épidémie la plus terrible de toutes par ses résultats matériels, ne viendrait plus serrer à la gorge tous ceux qui possèdent et, s'ajoutant à d'autres maux trop réels, absorber toutes facultés et suspendre tout travail... *en face des besoins incessants de ceux qui, comme aujourd'hui, n'ont rien; ni travail, ni pain, ni logis, ni vêtements ; rien..... si ce n'est*

12 à 13 centimes par jour, et par tête, pour satisfaire à toutes les exigences de l'existence.

§ III.

Faire payer par l'avenir ce qui doit profiter à l'avenir.

On satisferait aux données de ce problême en remboursant les bons qui auraient soldés provisoirement les travaux, sur les bénéfices nets qui seraient composés de ce qui, dans les Sociétés par actions, est indiqué sous le nom d'amortissement, d'intérêt et de dividende. Ce résultat serait prompt, car il n'y a pas d'entreprise, je parle de celles médiocrement conçues et passablement administrées, dont les trois produits ci-dessus ne représentent environ que 10 pour cent., ce qui, dans ce cas, permettrait le remboursement d'un travail quelconque en onze ans, à partir du jour de l'exploitation. Mais ce rapport net ne devrait-il être que de cinq pour cent, ce qui n'est admissible que pour la forme, car rien n'obligerait à ne faire que des tronçons, si par exemple il s'agissait de construction de chemin de fer ; *que le problême qui fait l'objet de ce paragraphe* serait encore résolu d'une manière satisfaisante et conformément aux termes dans lesquels il a été posé par M. Billault dans une séance de la Chambre des Représentants en novembre 1848.

§ IV.

Extinction et couverture de la dette publique dans un délai de 28 ans, et simultanément, à partir de la 17ᵉ année, augmentation du revenu public et réduction du budget.

1° Si l'on exécutait régulièrement pour 400 millions de travaux par année, de la nature de ceux portés au titre de ce mémoire, il faudrait moins de dix-huit ans pour couvrir les 7 milliards de dette inscrite.

L'exécution de cette somme de travaux est facile, car la question d'argent ne pouvant faire obstacle, on pourrait toujours, à moins d'un développement exagéré de l'industrie et du commerce, développement exagéré que du reste on préviendrait, car une stagnation serait au bout; on pourrait toujours, dis-je, y employer la quantité d'ouvriers que l'on voudrait.

D'où, la possibilité de fixer le délai de trois années pour le temps que prendrait l'exécution d'une entreprise quelconque.

2° Dans la majorité des affaires industrielles, alors que des circonstances extraordinaires ne pèsent pas sur l'industrie (*on a vu que ces circonstances ne pourraient se produire*); l'amortissement, l'intérêt et les dividendes peuvent être évalués à dix pour cent.

Amortissement pour une jouissance de 50 ans..   2 pour cent.

Intérêts cinq pour cent.....................   5 pour cent.

Dividendes.............................   3 pour cent.

                          TOTAL.............10 pour cent.

D'où il résulte qu'en calculant le revenu d'après une hypothèse défavorable, soit huit pour cent, il faudrait moins de treize ans, du jour de l'exploitation, pour arriver à rembourser les obligations (compris les primes à un pour cent) créées en vue d'une entreprise, quelle que soit son importance, car le produit serait toujours relatif.

Les travaux deviendraient la propriété de l'État ou plutôt des créanciers inscrits, au fur et à mesure qu'ils seraient remboursés par leurs produits.

Au début de la dix-septième année du commencement des travaux, l'État ou ses créanciers serait propriétaire d'immeubles d'une valeur d'au moins 1,200 millions, qui lui rapporteraient, fin de cette dix-septième année, 60 ou 96 millions, selon qu'il réduirait le revenu à cinq pour cent ou qu'il le conserverait à huit.

Ce revenu s'augmenterait successivement chaque année des travaux qui lui feraient retour après remboursement des obligations. — Fin de la 28e année, du commencement des premiers travaux, l'État, ayant conservé le produit à 8 0/0, serait couvert, à 2 millions près, des 450 millions à servir annuellement aux rentiers inscrits.

Par tous ces motifs,

La réduction immédiate et annuelle du budget pourrait se composer :

1° De la plupart des primes affectées à l'exportation qui pourraient être réduites de 15
millions, chiffre actuel, à . . . .   10,000,000 f.   »

2° D'environ 70 millions affectés à l'exécution des grands travaux d'utilité publique extraordinaires (abstraction faite de *prêts comme
il en a été fait à diverses compagnies*) . . . .   70,000,000 f.   »

3° Comme conséquence de la solution paci-
fique des divers problèmes sociaux à l'ordre du
jour, une partie de la population ne devant plus
garder l'autre, réduction de l'armée ; économie
d'environ . . . .   130,000,000 f.   »

              Réduction immédiate. . .   210,000,000 f.   »

Augmentation du revenu public :

1° Elle serait la conséquence de l'activité imprimée à l'agriculture, au commerce, à l'industrie, de l'augmentation de la propriété et du
rétablissement absolu de la confiance ; c'est être
je crois très modéré que de la porter la pre-
mière année à . . . .   50,000,000 f.   »

2° Et fin de la 17ᵉ année, à partir du commencement des travaux, des revenus qui seraient
acquis à l'État par suite du remboursement des
obligations, soit 96 millions qui s'augmenteraient
successivement et annuellement de 32 millions
par année, ci . . . .   Pour mémoire.

    Total de la réduction pour la 1ʳᵉ année.   260,000,000 f.   »

§ V.

Extinction du Paupérisme.

L'exécution des grands travaux d'utilité publique soldés par des
bons remboursables par les revenus, permettrait d'y occuper conti-
nuellement une moyenne d'environ 350 mille hommes, en calculant
sur une dépense annuelle de 400 millions (ce chiffre de 400 millions

pourrait être augmenté aussi bien que réduit). A ces travaux coopé-
reraient directement 40 à 50 industries, qui sont celles occupant les
plus grandes masses d'ouvriers. En considérant maintenant l'influence que la prospérité de ces industries exercerait forcément sur
les autres, et faisant même abstraction de celle qui serait exercée
sur les capitaux par la tranquillité générale, il en résulterait indubi-
tablement une activité commerciale qui deviendrait l'état normal de
la situation.

Dès lors,

La possibilité d'assurer pour l'avenir à tous les ouvriers,

1° De l'ouvrage;

2° L'adoption d'une mesure générale qui, alors que les travailleurs auraient accompli une certaine quantité de travail, leur assurerait une retraite dans un hospice d'invalides civils ou, s'ils le
préféraient, une somme annuelle et viagère qui leur permettrait
de vivre à leur guise dans le lieu qui leur conviendrait;

*(M. Rousseaux, entrepreneur de peinture à Paris, homme modeste
et désintéressé, a pris l'initiative de la création d'un Établisse-
ment semblable, il faut espérer qu'avec le concours des personnes
généreuses qui ont formé le comité provisoire, il parviendra, malgré l'esprit de parti qui n'a point permis à beaucoup de journaux de
recommander cette institution à leurs lecteurs, il parviendra, dis-je,
à obtenir des adhésions assez nombreuses pour obliger l'État à
substituer son action* RÉSOLUE *et* CONSCIENCIEUSE *à la sienne et à
celle du comité.)*

3° La possibilité, sans être injuste, de réserver exclusivement aux
femmes, la plupart des travaux et des emplois qui s'exercent à l'abri
de l'intempérie des saisons, et qui sont assez nombreux et assez
communs pour qu'il soit inutile de les indiquer ici;

4° La moralisation de la société, car l'ouvrier sachant à l'avance
qu'il pourra élever des enfants et les instruire, ne redoutera plus le
mariage et ses conséquences, qui sont trop souvent la misère pour
tous, le rachitisme et une vieillesse anticipée pour les uns et le
déshonneur pour les autres;

5° Et enfin, du concours de ces circonstances, dans un court
déla , l'extinction complète et entière du paupérisme qui, s'il ne

peut l'être immédiatement, aurait cet avantage de réserver aux vieillards et aux infirmes le droit à l'assistance, lequel alors pourrait cesser d'être une horrible dérision.*

CONSIDÉRATIONS GÉNÉRALES.

J'ai présenté ce projet comme pouvant, par son application et les conséquences qui en découleraient, relever immédiatement, et d'une manière brillante, le commerce et l'industrie ; effectivement, car aujourd'hui le manque d'argent en circulation fait la plus grande difficulté de la situation par l'impossibilité où l'on est de solder les travaux qu'on pourrait faire exécuter. Mais puisqu'il se trouve des hommes pour exécuter ces travaux sans recevoir d'argent, et avec l'avantage, non pour le Gouvernement, mais pour l'État, qu'on les décrète dans une mesure capable d'occuper directement la très grande masse des ouvriers qui, aujourd'hui, en mourant lentement de faim, empêche la confiance de renaître et les capitaux de circuler, car la misère plane sur la société comme le nuage qui renferme la foudre.

Que l'on crée des travaux, car la confiance ne revient pas, parce que l'on n'en aperçoit pas d'apparence, parce que l'ouvrier voudra sortir à quelque prix que ce soit d'une situation qui ne lui offre que la mort en perspective, parce que la position des propriétaires, des commerçants peut devenir, et ils le sentent, aussi pénible que celle des ouvriers.

Les ouvriers ont absorbé depuis longtemps leurs dernières res-

* 50 à 60,000 individus vivent actuellement à Paris avec 12 à 13 centimes qui leur sont donnés par jour et par tête. Dans l'hiver que nous venons de passer, les distributions de secours à domicile ont constaté que des familles entières couchaient sur la paille, et que BEAUCOUP d'enfants étaient seulement couverts d'une chemise !.. Ces secours insuffisants sont supprimés chaque jour et le seront complètement incessamment, non pas parce que l'ouvrage est abondant, mais parce que nous sommes dans une saison où le travail ne doit pas manquer. Je tiens ces détails de distributeurs, dont plusieurs, quoique ayant rempli ces fonctions par nécessité, y ont renoncé pour ne pas voir tant de malheurs.

sources; beaucoup de propriétaires vivent de leur capital, et les négociants qui survivent à la crise dont la naissance remonte à trois
ou quatre ans, sont aux deux tiers ruinés.

Enfin, la confiance ne revient pas parce que chacun, riche ou pau-
vre, sent que les causes qui ont contribué à la Révolution de
Février, continuent de subsister et que tant qu'une solution satisfaisante n'aura pas été donnée à la société à laquelle je fais appel et dont
les *intérêts sont intimement solidaires*, on n'aura pas fermé l'ère des
bouleversements qui, on le voit, surabondamment, sont tous au fond,
une question d'argent après celle de dignité humaine.

C'est de cette position dont doivent désirer sortir ceux pour
lesquels un changement de gouvernement, trois nouveaux milliards
à payer *par eux* en indemnités aux exilés et aux étrangers pour
le rétablissement de la féodalité, ne seraient pas une compensation à
la décimation de leur famille, à la perte de leur fortune et de leur
liberté.

Puisque le travail, et le travail utile peut seul sauver la civilisation,
et que l'argent n'est point immédiatement nécessaire pour le rétri-
buer; *vous tous qui êtes intéressés à la prospérité de l'industrie*,
quand vous aurez reconnu que tous les droits, tous les intérêts res-
pectables sont favorisés et garantis par ce système, réunissez donc
vos efforts pour en obtenir l'application, car il serait sous la di-
rection d'un comité, *à l'abri de toute espèce d'influence gou-
vernementale*, et composé de représentants, de négociants, d'industriels, d'agriculteurs et même d'ouvriers, il serait, dis-je, à l'égard
de tous les intérêts mentionnés, le levier d'Archimède et le modérateur équitable de l'influence des hommes d'argent.

Par hommes d'argent, je n'entends pas parler des banquiers de
second ordre, car eux-mêmes, en admettant qu'ils devraient baisser
le taux de l'escompte, ne seraient point lésés par cette mesure, attendu
qu'ils trouveraient une large compensation dans la multiplication des
escomptes et dans la stabilité infiniment plus grande du Gouvernement, puisqu'ils seraient moins exposés aux pertes qu'une révolution
entraîne à sa suite.

Il ne faut pas perdre de vue que les bons ou obligations créés
aussi dans le but de remédier à l'insuffisance du numéraire, pour-

raient être retirés de la circulation, en étant remboursés par anticipation selon que cela serait nécessaire pour lui conserver sa valeur légale. Si l'on considère d'autre part que 20 à 25 milliards d'effets de toute sorte sont souscrits chaque année par les besoins du commerce qui, par suite de l'activité imprimée aux affaires, croîtraient progressivement et parallèlement à l'augmentation des bons ; on reconnaîtra que, même dans le courant de la 17ᵐᵉ année, époque à laquelle le chiffre des obligations et des bons en circulation aurait atteint son maximum, qu'il conserverait invariablement tant que le chiffre de 400 millions de travaux serait exécuté régulièrement chaque année ; on reconnaîtra, dis-je, qu'il n'y aurait pas encore lieu à cet instant, de se préoccuper de ce remboursement par anticipation, attendu qu'alors, le chiffre des travaux exécutés et payés par les obligations, s'élèverait au total, à. . . . . 5,200,000,000 f.

Dont il faudrait déduire :

Les appoints en monnaie de cuivre, pour 1/20ᵉ, soit. 260,000,000

Les obligations remboursées sur les produits qui s'éleveraient indépendamment des primes qui le seraient également, au minimum, à. 2,775,780,413

} 3,035,780,413

D'où, fin de la 17ᵐᵉ année, époque à laquelle la dette publique serait couverte en principal, à 200 millions près, il resterait, *au plus,* en circulation. 2,164,220,587

Plus, les bons en circulation et non convertis . . . 760,000,000

TOTAL. 2,924,220,587

Qui ne représenteraient que le 7 ou 8ᵐᵉ des effets mis en circulation *en temps ordinaire.*

Pour apprécier dès aujourd'hui, aussi exactement que possible, l'influence des bons ou obligations sur la situation financière, après 17 ans, il reste encore à tenir compte, ensuite du fait de l'augmentation des transactions commerciales, de la plus valeur qu'auraient acquises toutes les propriétés et de l'accroissement de la population.

En concluant d'après toutes ces considérations, on trouve que les bons ou obligations en circulation, ne seraient alors (après 17 ans) que du 15me *au plus* des billets qui seraient souscrits annuellement.

L'exécution annuelle et régulière de 400 millions de travaux publics extraordinaires ne serait donc pas trop élevée quelle que soit la situation industrielle, et pourrait être augmentée sans inconvénient pour personne, car il faut absolument stimuler la consommation générale à l'intérieur et régulariser les salaires en fournissant du travail utile aux ouvriers qui, sans cela, seraient ou obligés de travailler à vil prix, ou à la charge de la nation, ou forcés de s'expatrier.

Tant qu'une nation est en mesure de satisfaire à cette loi naturelle de l'existence, le TRAVAIL, l'importance de la population fait sa puissance et sa richesse autant que l'étendue et la fertilité de son territoire, car le travail organisé, c'est-à-dire le travail en tout temps, c'est la santé, le moralité, la loyauté dans les transactions, la prospérité pour tous, ainsi que la tranquillité.

Puisque les travaux ne manquent point, qu'on ne peut calculer l'époque où ils pourraient manquer, et qu'il ne faut point d'argent, à l'œuvre donc !

Aux Malthusiens qui sont les antropophages de la société civilisée, et qui craignent de voir leur échapper le frein de la misère, considéré comme obstacle à l'augmentation d'une population qui, dans les conditions actuelles est nécessairement hostile à tous ceux qui possèdent, je dirai qu'avec une culture d'une perfection plus régulière, dont les méthodes sont connues dès aujourd'hui, le territoire cultivé présentement en France fournirait facilement à une consommation triple de ce qu'elle est. Mais tous les terrains en France que l'on peut avec avantage dessécher, défricher, irriguer, ne le sont pas à beaucoup près !...... Il n'y a donc pas lieu à se torturer l'esprit et à s'imposer des sacrifices pour EXILER une population qui n'est pas de trop, ainsi que le pensent aujourd'hui beaucoup d'hommes dans toutes les conditions sociales, parce qu'ils n'ont pas compris l'usage des ressources que nous avons à notre disposition ; hommes qui prêchent et applaudissent de bonne foi la plupart, à l'affaissement matériel du pays, en lui enlevant ses enfants les plus énergiques, et à son appauvrissement, en ce sens qu'il faut encore puiser dans la bourse des contribuables, d'une part ; tandis que de l'autre, ils diminuent la consommation sans restreindre la production.

Il résulte clairement de tout ce qui a été dit jusqu'ici, que le bien-être, la prospérité, le calme dont jouit une nation, sont proportionnels à la somme de travail utile en voie d'exécution ; c'est là une vérité évidente, irrécusable, et qui n'est pas neuve. Alors donc, ce qu'il faut pour sortir victorieusement de la crise sous laquelle chacun gémit, c'est du travail, du travail, et toujours du travail ! Abordons donc sérieusement l'exécution des travaux publics qui se solderont par leurs revenus, et provisoirement par des bons qui suppléeront à l'insuffisance et à la stagnation des écus.

A propos de la stagnation des écus, je rappellerai que l'agriculture ne peut prospérer qu'autant que les capitaux ne lui feront pas défaut. On a créé des fermes-modèles ; dans peu nous aurons des cultivateurs instruits et dont il faudra utiliser le talent ; il est nécessaire de pourvoir à l'avance à ce qu'ils puissent rendre au pays les services qu'il attend d'eux.

L'application de ce système d'exécution de travaux publics pour servir de régulateur à la prospérité de l'industrie en général, démontrera s'il ne l'est pas déjà, l'absurdité de cet axiome financier commun à toutes les monarchies, lequel consistait à verser l'argent par en haut pour qu'il descendît par bas ; axiome stupide qui ne servait que la vanité du maître, en lui créant des courtisans et la cupidité et la corruption inutile de ces derniers, car l'argent n'arrivait point et ne pouvait arriver au but désiré ; non-seulement il provoquait la cupidité et la bassesse, mais il développait immodérément les industries de luxe, attirait dans les villes les populations des campagnes, et produisait par plusieurs causes et sur une grande échelle la démoralisation de la société.

En augmentant ou diminuant l'importance des travaux soldés par des bons selon l'état de la prospérité agricole, commerciale et industrielle, *de manière à conserver à l'argent sa valeur légale*, les fortunes métalliques ne subiraient aucune dépréciation, celles territoriales augmenteraient de valeur ; les commerçants referaient la leur ou la conserveraient, et les créanciers inscrits verraient promptement s'ajouter à la garantie générale et indéterminée de la nation, des gages particuliers *qui seraient affectés spécialement* (les obligations étant remboursées), à assurer leurs créances, et dont les revenus, ainsi qu'on l'a vu, seraient au bout de vingt-huit ans au plus (du commencement des travaux), de 448 millions, somme égale à 2 millions près à celle qui leur est payée annuellement : Il n'y aurait donc plus, pour s'acquitter envers eux à fouiller dans la bourse épuisée des contribuables, et les rentiers qui, en temps de révolution, sont les plus exposés à voir leurs droits méconnus et dont les mouvements de hausse et de baisse à la bourse, sont la traduction plus ou moins exacte des chances qu'ils courent, cesseraient de voir la valeur de titres légitimes exposés à ces fluctuations. Ils seraient affranchis du joug qui les rend solidaires des actes d'un cabinet plus ou moins sensé, plus ou moins loyal, et à l'avenir ne redoutant plus avec autant de raison, un changement de gouvernement comme une agonie anticipée, ne croiraient plus devoir prêter quand même leur concours, et devenant libres de toutes craintes, se livreraient plus volontiers aux inspirations généreuses communes à la majorité des hommes.

Quant aux propriétaires qui, en général, ne placent pas leur agent à un taux usuraire, ils ont tout avantage à l'application de ce système qui leur assurerait désormais le paiement de leurs loyers, la jouissance incontestée de leurs immeubles et une tranquillité qu'ils ne craindraient plus de voir troubler par des révolutions politiques ou sociales qui seraient devenues impossibles et qui se borneraient simplement à un changement de premiers administrateurs.

L'influence que l'exécution des grands travaux publics aurait sur la prospérité en général a été démontrée d'une manière quasi-matérielle. Que l'on veuille bien se rappeler maintenant que la proposition formelle d'exécuter pour environ 150 millions de travaux, aux conditions que j'avais posées, a été faite par des hommes présentant toutes les garanties possibles de fortune et de capacité, et l'on sera certainement étonné que ces offres n'aient pas été acceptées, et au moins discutées au Ministère des Travaux publics, comme elles l'avaient été au point de vue du contentieux, au Ministère des Finances, où ma proposition étant parvenue le 16 novembre 1848, fut, après avoir été étudiée et reconnue, me dit-on, seule applicable entre cinq à six cents envoyées dans le même but, depuis février 1848, adressée au Ministère des Travaux publics, où elle parvint le 25 du même mois. Trois jours plus tard, je fus voir M. le Secrétaire-général Boulage ; ma proposition lui était parvenue, et il me fit compliment d'*avoir résolu d'une manière pratique et satisfaisante un problème que lui-même avait soupçonné pouvoir l'être ainsi que je l'avais fait* De plus, il trouva ce projet assez bien conçu pour revendiquer *la priorité de l'idée, mais théorique en quelque sorte* (ce que je traduisis par nuageuse), en faveur d'un ancien conseiller-d'état qui en avait fait la communication au Ministre, du vendredi au samedi précédents, c'est-à-dire environ dans le temps que mon mémoire était envoyé du Ministère des Finances au Ministère des Travaux publics (circonstance de laquelle il résulte que la prorité sur l'idée théorique, m'appartient encore, car l'existence officielle de mon mémoire remonte non-seulement au 16 novembre, jour de son envoi au Ministère des Finances, mais encore beaucoup plus tôt, car il a été communiqué à des représentants, membres du Comité des Finances avant même de l'être aux négociants et constructeurs dont je recueillis les adhésions). Enfin, M. le Secrétaire-général m'annonça que mon projet serait soumis au plus prochain Conseil des Ponts-et-Chaussées qui devait avoir lieu à la fin de la semaine dans laquelle nous étions ; lequel Conseil me convoquerait pour avoir les explications qui lui paraîtraient nécessaires.

Il est donc bien établi :

1° Par les adhésions sérieuses que j'avais recueillies ;

2° Par l'empressement que l'on mit au Ministère des Finances à faire examiner le projet, et par ce que l'on me dit à son sujet (que l'on note bien que j'ai omis de citer les raisons les plus concluantes qui me furent données pour me confirmer que j'avais fait un travail qui levait d'une manière complète, les difficultés de la situation en tant qu'il s'agissait du paiement de travaux à faire exécuter de suite);

Et 3° par les paroles de M. le secrétaire Boulage que j'ai soulignées comme *textuelles*.

Il est donc bien établi, dis-je, que ma proposition qui démontrait d'une manière irrécusable, l'application facile du système, méritait par les conséquences qu'elle aurait eues, d'être prise en sérieuse considération par MM. les ingénieurs. Pourquoi en fût-il autrement ? pourquoi dus-je me présenter jusqu'à dix fois pour entrevoir un seul instant, M. de Bourreul, chef de la division des chemins de fer, lequel me dit ignorer complètement l'existence de mon projet, qui cependant avait passé sous ses yeux avant de parvenir aux mains du secrétaire-général, surtout quand ce projet comportait comme je l'ai dit, la proposition formelle d'exécuter 150 millions de travaux. Pourquoi donc alors tant de mauvais vouloir et d'inertie dans l'administration des ponts et chaussées ?

La révolution de février a eu pour cause principale, la crise industrielle et commerciale qui commença à se manifester il y a quatre ans, à la suite de l'accaparement des capitaux par les grandes entreprises de travaux publics. Non seulement, à cette époque, les capitaux n'étaient pas en proportion avec la population et les nécessités commerciales et industrielles *ordinaires*; mais encore, lors de l'exécution des chemins de fer, les capitaux ayant mis à revenir au point de départ un temps plus long que celui prévu, les conséquences ont été, disette d'écus, crise commerciale et enfin révolution. La misère qui déjà rongeait les masses inoccupées qui allaient se grossissant chaque jour ; la gêne qui atteignait certains propriétaires, les négociants, les producteurs et leurs ouvriers, ont porté les ouvriers en général à renverser violemment un gouvernement qui, dans les meilleures conditions de stabilité pour porter la prospérité de la France à son plus haut degré de splendeur, n'avait su que leur préparer la misère et la dégradation : le même sentiment a porté les premiers (négociants et marchands) à laisser faire. C'est pourquoi, de tout ce qui précède, je pose en fait que les intérêts de tout ce qui n'est pas l'aristocratie de l'aristocratie financière ou blasonnée, sont solidaires ; c'est pourquoi je dis que cette solidarité ayant été comprise, la révolution n'est pas seulement politique mais sociale. L'excès du mal en a révélé les causes, il est devenu évident pour tous, qu'il tenait autant à une organisation financière et commerciale vicieuse, qu'à de mauvaises institutions politiques, car, la politique toute de compression est la conséquence obligée des imperfections du systéme financier, si toutefois l'on peut appeler de ce nom l'absence de toute méthode qui laisse la prospérité en général et l'existence de plusieurs millions de prolétaires, à la discrétion du hasard. Elle est sociale, car quel autre nom donner à un besoin de réformes qui seront la garantie d'une prospérité sans laquelle il n'y a plus que deux gouvernements possibles ; celui de la monarchie absolue avec le cortége de la féodalité et le libre développement de ce principe de Malthus : *laissez souffrir, laissez mourir*, ou l'avénement du socialisme exagéré qui mène tout droit au communisme, du communisme à la monarchie, de la monarchie à la République, et ainsi de suite.

Ce n'est pas la monarchie, qu'elle quelle soit, ce n'est pas un Gouvernement réactionnaire et soi-disant républicain qui feront volontiers l'application du système que je propose, ou de tout autre atteignant le même but, car l'un et l'autre, dans l'intérêt de leur domination, et pour se maintenir quand même au pouvoir, ont besoin de la perpétuation des abus qui leur font des courtisans ; des craintes inspirées par les suites d'une révolution qui leur attache tout ce qui vit d'industrie ; de la misère qui divise la société en deux classes, riches et pauvres, ce qui leur permet de les montrer l'un à l'autre comme un épouvantail, et d'user de leur antagonisme incessant pour, selon l'occurence, les ruer l'un sur l'autre. Ce ne sont pas ces hommes habitués à considérer leurs semblables comme des pantins destinés à les amuser ou à leur fournir les matériaux d'une page quelconque dans l'histoire, qui consentiront à améliorer sciemment les conditions de notre existence ; ils ne le feront que contraints, car ce serait donner exclusivement aux hommes qui ont un intérêt direct à la fin des révolutions et à la prospérité de l'industrie le *Gouvernement de la France* ; car ce serait contrairement à ce qui existe, subordonner la politique à l'industrie, car ce serait consentir à descendre du rôle de ministre à celui d'administrateur, car ce serait conserver seulement la faculté de faire le bien avec l'impossibilité de faire le mal.

Il est bien démontré qu'on peut développer la prospérité de l'industrie dans la mesure que l'on voudra, mais pour la conserver indéfiniment, il convient de ne le faire qu'avec mesure, car les travaux susceptibles d'un revenu, et qui sont, pour atteindre ce but, le seul lévier à mettre en action, doivent être assimilés à une quantité déterminée de valeurs en portefeuille, épuisables par conséquent, et qu'on ne doit escompter, c'est-à-dire exécuter, qu'au fur et à mesure des besoins. Pour conserver cette prospérité, il conviendrait encore de veiller avec soin à l'introduction immodérée d'ouvriers étrangers appartenant à des localités dont l'industrie n'étant pas régie comme la nôtre, n'aurait aucune compensation à offrir à nos travailleurs, et pour lesquelles la France deviendrait le trop plein dans lequel déborderait non seulement la population inoccupée, mais encore celle qui le serait d'une manière peu lucrative.

J'ai dit précédemment qu'une population considérable était, quand on pouvait satisfaire au droit naturel qu'ont au moins tous les prolétaires, *de vivre en travaillant*, la puissance d'une nation. Pour que l'on ne croie pas au premier abord mon observation touchant l'introduction immodérée des ouvriers étrangers en contradiction avec le fait de la population faisant la richesse d'une nation quand elle est en mesure de satisfaire au droit au travail, j'ajouterai qu'une nation a cela de commun avec un particulier, de n'être riche qu'autant qu'elle ne peut prévoir le temps où elle pourrait manquer, non pas des moyen d'exister, mais de ceux de gouverner la prospérité de l'industrie, c'est-à-dire de travaux dont la nature a été définie.

Ce frein à l'introduction des ouvriers étrangers ne serait pas longtemps nécessaire car, nous trouvant bien du système proposé, les gouvernements étrangers s'empresseraient de l'adopter à leur tour, ce qui établirait la balance de la circulation ; ils l'adopteraient d'autant plus vite, qu'il aurait pour résultat, accompagné des réformes en analogie avec la civilisation actuelle, de les tranquilliser indéfiniment.

LES BONS SPÉCIAUX COMPARÉS AUX ASSIGNATS.

Pour répondre d'avance aux objections que pourrait soulever l'apparence d'une analogie quelconque avec les assignats, j'en ferai une courte comparaison :

1° Les ASSIGNATS ont été créés pour soutenir la guerre contre toute l'Europe, tandis que

Les BONS SPÉCIAUX le seraient pour assurer la concorde à l'intérieur ;

2° Les ASSIGNATS étaient engloutis dans un gouffre sans fond, car les chances de la guerre ne permettaient pas de savoir où l'on s'arrêterait ;

Les BONS SPÉCIAUX seraient créés en vue d'exécution de travaux publics qui sont une richesse matérielle, et dont le prix peut toujours être connu à l'avance. De plus, ils ne coûteraient rien aux contribuables.

3° Les ASSIGNATS, s'ils eussent conservé leur valeur d'émission, en dépréciant le numéraire, l'eussent fait fuir à l'étranger ;

Les BONS SPÉCIAUX, par la faculté de les restreindre ou de les multiplier selon l'occurence, conserveraient à l'argent sa valeur légale, et leur emploi serait la plus grande sécurité qui puisse être donnée aux détenteurs du numéraire.

4° Les ASSIGNATS se sont avilis pour avoir dépassé la valeur du gage de leur remboursement ;

Les BONS SPÉCIAUX étant calculés d'après le revenu au taux légal du travail qu'ils représenteraient, seraient trouvés d'une valeur infiniment moindre que leurs garanties matérielles, et seraient par conséquent négociés avec primes si l'on voulait en permettre l'agiotage à la bourse ; ce dont on devrait se garder et n'autoriser dans les transactions que le remboursement intégral de la prime échue, attachée aux obligations.

5° Le remboursement des ASSIGNATS ne pouvait avoir lieu que par la vente des biens nationaux, mais la plupart étaient dépréciés par leur origine ou par la rareté des acquéreurs, et d'autre part, par l'obligation imposée par les circonstances, de remettre en circulation, concurremment avec ceux créés à nouveau, les assignats reçus en paiement des biens vendus ; d'où résultait leur augmentation dans une progression inverse de la valeur du gage.

6° La garantie par l'État, du remboursement des ASSIGNATS était illusoire, car la vente des biens nationaux ne pouvant s'opérer à un prix rationnel, et qui même, dans ce cas, n'aurait point couvert sa dette, l'État ne pouvait puiser la valeur trop considérable de ceux restant en circulation dans la bourse des contribuables, sans ruiner ceux qui précisément avaient le moins gagné à leur émission.

La garantie du remboursement des OBLIGATIONS, collective à l'égard de l'État, ou des départements intéressés et des villes, selon la circonstance, serait d'autant plus sérieuse pour les détenteurs, qu'ils est certain, vu la condition *d'utilité immédiate* imposée aux travaux à l'exécution desquels on devrait appliquer ce système, qu'on ne devrait en aucun cas, y avoir recours ; et qu'enfin si, malgré toutes les précautions prises pour n'être point en défaut, cette garantie collective devait être invoquée, cette extrémité ne serait qu'une exception à la règle, et les garants, d'après le calcul de la page 10 et d'après la période de vingt années fixées pour l'amortissement, n'auraient certainement à y participer que dans une proportion bien minime.

7° Le cours de l'ASSIGNAT avait été déclaré obligatoire.

Le cours du BON SPÉCIAL ou de l'OBLIGATION le remplaçant serait tout volontaire.

Quant à savoir si ces bons seraient accueillis avec faveur par les négociants ou marchands qui ne figureraient pas à l'avance de l'exécution des travaux dans cette vaste association, il n'y a pas le moindre doute à concevoir, car ils offriraient aux détenteurs une sécurité que sont loin de présenter les billets de banque de France, dont la garantie est à peu près toute morale, attendu que le gage matériel n'est que du 1/5e ou 1/6e de l'émission des billets, et que ce gage peut, dans une émeute, disparaître *en quelques heures*, y compris même les bâtiments. Ces bons spéciaux présenteraient encore une sécurité plus grande que les billets de banque, parce qu'ils ne représenteraient pas la monnaie d'une classe de monopoleurs ; parce que leur intégralité, garantie par des gages matériels productifs et d'une valeur supérieure, serait encore augmentée de la solidarité qui s'établirait entre riches et pauvres, tous détenteurs également intéressés à leur remboursement, et enfin par la garantie collective que l'on connaît.

Typog. Bénard et Comp., pass. du Caire, 2.